KOCHEN UND DIE MACHT DER LIEBE

Eden

FRANK OEHLER`S
REZEPTE DER „CUCINA EROTICA“

KOSMOS

Über die Macht der Küche

Von einem Kochbuch zu einem Film habe ich bislang noch nichts gehört. Ein Grund mehr, mich ganz darauf einzulassen: Im Film EDEN wird viel gegessen, geschlemmt und geschwiegen. Denn was da den Gästen kredenzt wird, scheint wirklich magische Kräfte zu entfalten. Ganz verzaubert gibt sich die feine Gesellschaft der kulinarischen Faszination hin – ein beeindruckendes Spektakel für den Zuschauer, dem beim Betrachten der bewegten Bilder stets das Wasser im Mund zusammenläuft.

Wer Frank Oehler, der die Rezepte für den Film und das Buch geliefert hat, kennenlernt, wird schnell feststellen, dass man es mit einem besonderen Menschen zu tun hat. Schon wenn man die Namen seiner Kreationen liest, wird dies deutlich: Da ist die Rede von „Petersfisch mit gebratener Gänseleber und Roter Bete“ oder „Schokoladen-Parfait mit Tonkabohnen-Krokant und Ananas-Chutney“. Das macht Appetit und schnell neugierig auf mehr.

Das Ihnen vorliegende Buch bietet die Möglichkeit, sich am eigenen Herd der erotischen Kochkunst hinzugeben und selbst zu kochen, was Frank Oehler vorgegeben hat.

Damit nicht nur die Geschmacksnerven an den Kinofilm erinnert werden, laden die Zitate und Bilder dazu ein, in die Welt des Films einzutauchen und sowohl die „Macht der Liebe“ als auch die „Macht der Küche“ zu erleben!

Viel Spaß beim Erleben der Oehlerschen Küche, die es zudem „live“ Tag für Tag im Ettlinger Erbprinz zu kosten gibt.

David Depenau
- Direktor Hotel-Restaurant Erbprinz-

Gregor

KOCHEN IST DICHTUNG, TRANSFORMATION, SCHÖPFUNG.

Mit der Entdeckung des Kochens begann die Entwicklung vom Steinzeitmenschen zum Homo sapiens.

Frank Oehler

SCHÖPFER DER „CUCINA EROTICA“

Wie er zum Film kam

„Was bei EDEN mit Kochen zu tun hat, stammt von Frank Oehler“, sagt Autor und Regisseur Michael Hofmann und erzählt die Geschichte, wie Sternkoch Frank Oehler (genannt „FO“) zum Kinofilm EDEN kam – oder umgekehrt: FO und ich haben uns über den SWR-Redakteur Uli Herrmann kennengelernt, der EDEN von Fernsehseite betreut hat. Uli wiederum kannte in Freiburg den Patissier Peter Pöpl, der mal mit FO zusammengearbeitet hat. Dieser erzählte so viele verrückte Geschichten vom FO, dass ich ihn unbedingt treffen wollte. Wir haben FO in Hawangen besucht und er lud uns zu einem achtgängigen Überraschungsmenü ein. Die Chemie zwischen uns stimmte sofort!

Mir kommt Gregor (der Koch in EDEN) wie ein Alter Ego von FO vor – natürlich äußerlich ganz anders, aber ein Bruder im Geiste. Und Gregor – bzw. das Drehbuch – war schon genauso, bevor ich FO getroffen habe. Da sind also zwei Seelenverwandte aufeinandergestoßen und das ist immer eine schöne Sache.

Wie er kocht

Frank Oehler verdiente sich seine Sporen im Seehotel Siber, in den Schweizer Stuben in Wertheim, im Teufelhof in Basel und bei Anton Mosimann in London. 1995 eröffnete er sein eigenes Restaurant D'Rescht in Hawangen. Schnell wurden die Gourmetführer auf den „Jungen Wilden“ aufmerksam und priesen seine „sinnlich-erotische“ Küche. 1998 feierte ihn der Gault Millau als „Entdeckung des Jahres“, verlieh ihm die Auszeichnung für das „Menü des Jahres“, und 2002 erhielt er den Guide-Michelin-Stern. Schon ein Jahr später wurde er in den Kreis der besten Köche der Welt (IWWC-conneticut, USA) aufgenommen. Laut Manfred Kohnke, Herausgeber des Gault Millau, zählt Frank Oehler zu den fünf kreativsten Köchen Deutschlands.

Wo er kocht

Seit 2005 ist der Koch mit Pferdeschwanz Küchenchef im Erbprinz in Ettlingen. Eine Kaderschmiede, in der schon Eckart Witzigmann und Hans Haas am Herd standen. Innerhalb von zehn Monaten erkochte er auch hier den ersten Guide-Michelin-Stern. Im Erbprinz kocht er sowohl regional-badische und französisch-mediterrane Gerichte als auch Kreationen mit asiatischen Einflüssen. Das Ambiente passt zu der gehobenen Cousine des Meisters: Der Erbprinz bietet seinen Gästen großzügige Hotelzimmer, Appartements oder eine Penthouse-Suite, mit grandiosem Blick über Ettlingen, in 5-Sterne-Qualität. Nicht zuletzt aufgrund seiner Wellness-Oase ist das traditionsreiche Haus ein Ort, an dem es sich wohlfühlen lässt. Und dass das schon immer so war, zeigt die Liste der prominenten Besucher, die lang und beeindruckend ist: Namen wie Hellmuth Karasek, Mariah Carey, Angela Merkel, Helmut Kohl, Michail Gorbatschow, Harald Juhnke, Paul Bocuse oder Maria Callas sind dort zu finden.

Wer er ist

Frank Oehler spricht unfassbar schnell und in unbarmherzigem Allgäuer Dialekt, sodass das ungeübte Gegenüber alle Mühe hat, ihm zu folgen. Doch die Anstrengung lohnt sich: Was da binnen kürzester Zeit aus dem Mund mit Ziegenbart sprudelt, verdient es gehört zu werden. Frank Oehler ist ein Koch der über den Tellerrand blickt – im wahrsten Sinne der Wortes. Er verzichtet auf Kino oder Fernsehen, stattdessen fährt er schnelle Autos und widmet sich anspruchsvoller Literatur.

Genaue Rezeptangaben braucht FO nicht. Das sei wie „Malen nach Zahlen“, sagt er. Da hat der Meister leicht reden! Für dieses Buch hat er die Rezepte seiner „cucina erotica“ so präzise wie möglich beschrieben, damit es auch dem Hobbykoch gelingt, die verführerischen Speisen zu kredenzen. Als kleines Schmankerl verrät der Meister am Ende des Buches, wie er die Saucen, Dressings und Jus herstellt, mit denen er seine Kreationen vollendet.

Gebratene Rotbarbe mit Blutwurst-Orangen-Mousseline und transparenten Artischocken

ZUTATEN

2 Rotbarben (ausgenommen und geschuppt)
Salz, Pfeffer, Zitronensaft
2 Artischocken
Strudelteig (siehe S. 76)
etwas Eigelb zum Bestreichen
2 EL gehackter Thymian
1 weiche Blutwurst
ca. 100 ml Orangensaft
3 Orangen
4 getrocknete Orangen
konfierte (kandierte) Schweineohren
etwas Kerbel

Die Rotbarben schuppen, filetieren, Gräten ziehen und würzen. Anschließend auf der Hautseite kross anbraten. Die Artischocken putzen und in hauchdünne Scheiben schneiden.

Den Strudelteig ausrollen, mit Eigelb bestreichen und die Artischocken darauflegen. Mit gehacktem Thymian würzen und eine weitere Schicht Strudelteig darauflegen, im Ofen bei 200 °C goldgelb backen.

Für die Mousseline die Blutwurst mit dem Orangensaft im Mixer fein pürieren. Sollte die Mousseline zu dick sein, mit etwas Brühe oder mehr Orangensaft nachhelfen.

Die Masse durch ein Sieb streichen und mit Orangenstücken verfeinern. Langsam erhitzen und dabei eventuell noch etwas Butter einarbeiten.

Die Rotbarbe mit dem Artischockenstrudel und der Mousseline anrichten. Alles mit getrockneten Orangen, konfierten Schweineohren und Kerbel anrichten.

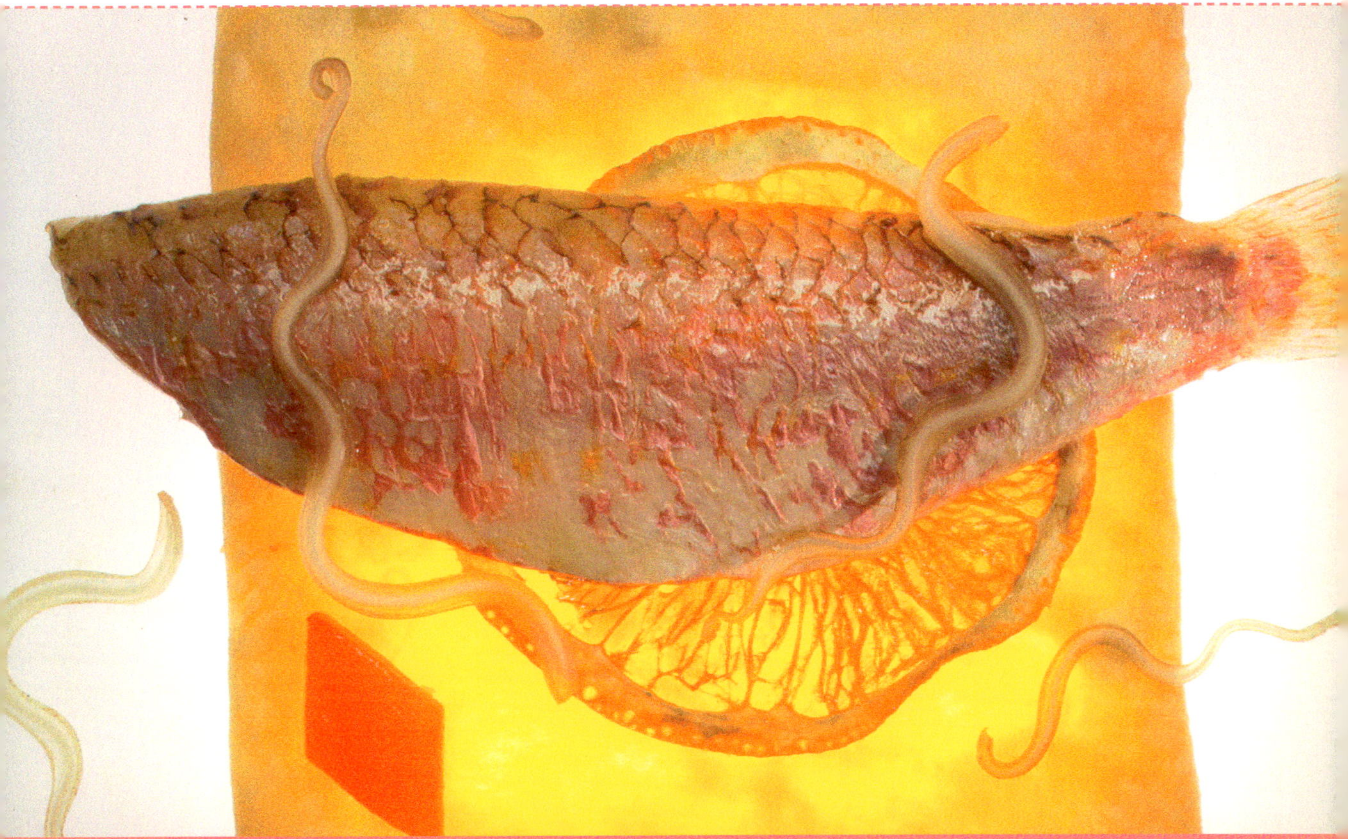

Die Schuppen der Rotbarbe
verfärben sich bei Erregung
stark rot.

Eden

LEONIE: Eden.

EDEN: Eden.

GREGOR: Eden? Wie das Paradies?

EDEN: Ja, sie meint mich. Ja, so heiße ich.

EDEN, WIE DER GARTEN.

Rolle bei EDEN: EDEN

Name: *Charlotte Roche*

Alter, in dem ich zum 1. Mal am Herd stand:

* 4 Jahre.

Ein Gericht, für das ich alles stehen und liegen lasse:

* Chicken Tikka Masala von „Bombay“ in Köln.

Mein größtes kulinarisches Erlebnis:

* Überraschungsmenü bei „sichuan food“, Reguliersdwarsstraat 35, Amsterdam.

Meine Kochkünste auf einer Skala von 1–10 (1=Kochniete; 10=Kochprofi):

* 6 Punkte.

Das brennt bei mir immer an:

* Ich lass´ nix anbrennen!

So viel Zeit nehme ich mir für ein Mittagessen:

* 1 Stunde.

Kochen und die Liebe gehören für mich zusammen wie:

* Rosen und Läuse.

Ein Lebensmittel, das ich auf eine einsame Insel mitnehmen würde:

* Vollkornbrot.

Kulinarischer Steckbrief

Das esse ich am Sonntag zum Frühstück:

* Spiegelei.

Mein peinlichstes kulinarisches Erlebnis:

* Ein Fisch in Salzkruste: Er war noch ganz roh und das ganze Blut kam raus, als ich den Kopf abtrennen wollte.

Das gehört für mich zu jedem guten Essen:

* Reiler Goldlay (Weißwein).

Mein absolutes Lieblingsgetränk:

* Pils.

Eine Eissorte, die mich dahinschmelzen lässt:

* Ich mag kein Eis.

Das habe ich bei den Dreharbeiten zu EDEN übers Kochen gelernt:

* Dass man auf Nachtisch einen Karamellkringel mit viel scharfem Chili drin drauftun kann, wie man ein „St. Pierre in Dingshaut" einwickelt, wenn man Stierhoden zubereiten will, muss man die in der Schweiz besorgen, weil das in Deutschland illegal ist. Und dass man in eine Entenkarkasse eine ganze Ente stecken kann und die damit komplett auspresst für leckere Sauce.

Ein edler Fisch ist der Saibling –
und so auch sein Geschmack.

Saiblings-Carpaccio mit gebackenem Kalbskopf und Flusskrebsen

ZUTATEN

8 Flusskrebse
ca. 2 l Court-Bouillon
(siehe S. 74)
½ Kalbskopfmaske
3 EL weißer Balsamico-Essig
3 EL Olivenöl
etwas Paniermehl
Fett zum Frittieren
1 großer Saibling
Salz, Pfeffer
Olivenöl
4 Hände voll Blattsalate
4 EL frische Kräuter
8 EL Gemüse-Vinaigrette
(siehe S. 75)

Die Krebse 2 Minuten in der Court-Bouillon blanchieren, abschrecken und ausbrechen.

Die Kalbskopfmaske putzen und in reichlich Wasser kochen, bis sie schön weich ist. Noch warm in eine Form geben und pressen. Über Nacht kühl stellen und am nächsten Tag in kleine Stücke schneiden.

Mit Balsamico-Essig und Olivenöl eine Vinaigrette herstellen und mit den Kalbskopfstücken mischen. Erneut abkühlen lassen. Aus der gelierten Vinaigrette kleine Würfel schneiden (ca. 2 x 2 cm). Die Würfel zweimal panieren und in 180 °C heißem Fett frittieren.

Den Saibling filetieren, Gräten ziehen und von der Haut nehmen. Aus dem Filet hauchdünne Scheiben schneiden und mit Salz, Pfeffer und Olivenöl marinieren.

Den Fisch und die Krebse mit Blattsalaten und frischen Kräutern anrichten und mit Gemüse-Vinaigrette beträufeln.

Austern mit Chablis-Gelee

ZUTATEN

12 Austern
100 ml trockener Weißwein (z.B. Chablis)
100 ml Fischfond
1 ½ Blatt Gelatine
1 kleine Zucchini
1 Stange Staudensellerie
1 kleine Karotte
Kerbel
4 EL Kaviar
4 EL Crème fraîche

Die Austern aufbrechen und putzen. Dabei das Wasser auffangen und mit dem Chablis und dem Fischfond abschmecken.

Die Gelatine einweichen und in den Fond einrühren. Die Masse kalt stellen.

Zucchini, Staudensellerie und Karotte putzen und sehr klein schneiden. Die Gemüsewürfel blanchieren und mit Eiswasser abschrecken. Anschließend unter das angezogene Gelee mischen.

Das Gelee in die Austern füllen und alles mit Kerbel, Kaviar und Crème fraîche anrichten.

Das Erotischste
an der Auster ist die Art,
wie sie geschlürft wird.

Rolle bei EDEN: LEONIE

Name: *Leonie Stepp*

Alter, in dem ich zum 1. Mal am Herd stand:

* **Ich konnte erst mit 4 Jahren stehen, ab da sofort.**

Ein Gericht, für das ich alles stehen und liegen lasse:

* **NUDELN!!!**

Mein größtes kulinarisches Erlebnis:

* **Dass Senf „heiß“ schmeckt!**

Meine Kochkünste auf einer Skala von 1–10 (1=Kochniete; 10=Kochprofi):

* **Für meine Puppen bin ich der absolute Profi in meiner Küche!**

Das brennt bei mir immer an:

* **Alles was auf dem Herd steht, wenn ich nachts aufstehe und alle Platten in vollen Betrieb nehme.**

So viel Zeit nehme ich mir für ein Mittagessen:

* **Je nach Angeboten in der Umgebung und Speisekarte, 5 Minuten bei Gemüse, bis 2 Stunden bei Nudeln.**

Kochen und die Liebe gehören für mich zusammen wie:

* **Wenn ich etwas mache, dann nur mit Liebe, sonst lasse ich es!!!**

Kulinarischer Steckbrief

Ein Lebensmittel, das ich auf eine einsame Insel mitnehmen würde:

✶ **Nudeln.**

Das esse ich am Sonntag zum Frühstück:

✶ **Nutellabrötchen und manchmal „Ei-es" = Ei.**

Mein peinlichstes kulinarisches Erlebnis:

✶ **Dass ich bis zum Film nicht wusste, dass Knochen nur Hunde durchbeißen können.**

Das gehört für mich zu jedem guten Essen:

✶ **Ein gutmütiger Nachbar, der mich einmal von seinem Teller klauen lässt.**

Mein absolutes Lieblingsgetränk:

✶ **Hafermilch und Saft.**

Eine Eissorte, die mich dahinschmelzen lässt:

✶ **Jede.**

Das habe ich bei den Dreharbeiten zu EDEN übers Kochen gelernt:

✶ **Dass Gregor mehr erlaubt als Mama: Da darf ich mehr schmieren!**

KOCHEN IST
DIE MUTTER
DER PHILOSOPHIE,
DER CHEMIE,
DER PHYSIK.

Gregor

KOCHEN IST DIE ÄLTESTE KUNSTGATTUNG, ÄLTER ALS DIE HÖHLENMALEREI.

Schon Casanova schwor auf die anregende Wirkung von Hummerfleisch.

Gebratener Hummer mit Vanille-Lauch

ZUTATEN

2 Hummer (500–600 g)
ca. 5 l Court-Bouillon
(siehe S. 74)
2 El Olivenöl
Salz, Pfeffer
etwas gehackter Thymian
2 Bund Frühlingslauch
Salz
1 Vanilleschote
4 EL Butter
4 EL Hummer-Bisque
(siehe S. 74)

Die Hummer in der Court-Bouillon 4–5 Minuten kochen, abschrecken und ausbrechen. In etwas Olivenöl glasig anbraten. Würzen und mit gehacktem Thymian verfeinern.

Den Frühlingslauch putzen und in Salzwasser blanchieren. Danach abschrecken.

Aus dem Vanillemark und etwas Butter eine Vanille-Butter herstellen und diese zum Glacieren des Frühlingslauchs verwenden.

Den Hummer mit Hummer-Bisque und „-fühlern" und der ausgekratzten Vanillestange anrichten.

Rolle bei EDEN: KELLNER (stumm)

Name: *Max Rüdlinger*

Alter, in dem ich zum 1. Mal am Herd stand:

* 20 Jahre.

Ein Gericht, für das ich alles stehen und liegen lasse:

* Russische Eier.

Mein größtes kulinarisches Erlebnis:

* 7-Gänge (zirka) zubereitet von Regisseur Christoph Marthaler: Ruccola-Salat und Entenbrüstchen, Geflügelmousse mit Feige, in Honig marinierter Lachs, Algenstiele und ein Wachtelei mit Parmesanscheiben, Fischsuppe mit Safran, Tagliatelle mit Crevetten, Reh- und Gemsrücken mit Rotkraut und Kartoffelstock mit Sellerie- und Orangen-Stückchen, Stilton mit Portwein, französischer Käse, Geißkäse und uralter Käse aus dem Haslital, dazu Weine, weiße vor allem, aus dem Tessin.

Meine Kochkünste auf einer Skala von 1–10 (1=Kochniete; 10=Kochprofi):

* 4 Punkte.

Das brennt bei mir immer an:

* Ich lasse nichts anbrennen.

So viel Zeit nehme ich mir für ein Mittagessen:

* 15–20 Minuten.

Kochen und die Liebe gehören für mich zusammen wie:

* Velofahren und Einkehren.

Kulinarischer Steckbrief

Ein Lebensmittel, das ich auf eine einsame Insel mitnehmen würde:

- Avocado.

Das esse ich am Sonntag zum Frühstück:

- 3-Minuten-Ei.

Mein peinlichstes kulinarisches Erlebnis:

- Nach der Matura hatte ich ein Anstellungsgespräch auf einer Genfer Bank und hatte vorher noch Zeit zum Essen. Da ich mich schon auf Neuland bewegte, wollte ich auch was essen, das ich noch nie gegessen hatte: ein Beefsteak Tartare. Ich war sehr erstaunt, als mir der Kellner einen Teller rohen Fleisches servierte und dachte mir, dass es wohl am Tisch gebraten werde. Ich wartete geraume Zeit, aber als sich nichts tat, wurde ich nervös, denn ich wollte keineswegs zu spät kommen. Da war guter Rat teuer. Ich konnte mir nur helfen, indem ich den Fleischfladen so schnell wie möglich runterschlang, damit niemand sehen konnte, dass ich rohes Fleisch aß. Ich bezahlte schnell und weniger gestärkt als froh, dem Dilemma entronnen zu sein, trabte ich bei der Bank vor.

Das gehört für mich zu jedem guten Essen:

- Ein Glas Wein (oder auch zwei, drei).

Mein absolutes Lieblingsgetränk:

- „Rivella“.

Das habe ich bei den Dreharbeiten zu EDEN übers Kochen gelernt:

- Dass es viel Zeit in Anspruch nimmt.

Wenn ich nicht kochte oder Zutaten für die Küche besorgte, was den weitaus größten Teil meines Lebens bestimmte, beobachtete ich Frauen, vor allem Kellnerinnen betrachtete ich für mein Leben gern.

Gregor

Geschmorte Rehschulter mit getrockneten Weintrauben und Steinpilzen

ZUTATEN

1 Rehschulter
Öl
ca. 200 g Wurzelgemüse
30 g Tomatenmark
Aromaten
(siehe S. 74)
2 l Gewürztraminer
ca. 2 l Rehfond
400 g Steinpilze
je 2 EL Olivenöl und Butter
1 Hand voll getrocknete Weintrauben
frische Kräuter

Die Rehschulter sauber parieren und vom Schlossknochen befreien. In heißem Fett anbraten, herausnehmen und das Wurzelgemüse in derselben Pfanne andünsten.

Tomatenmark und Aromaten zu dem Gemüse geben und alles ca. 10 Minuten langsam schmoren lassen. Nach und nach mit Gewürztraminer ablöschen und mit dem Rehfond auffüllen.

Die Rehschulter wieder zurück in die Pfanne geben und garen, bis sie schön weich ist. Den Fond abpassieren und einköcheln, bis er die gewünschte Konsistenz erreicht. Das Rehfleisch vom Knochen lösen und portionieren.

Die Steinpilze putzen und in Scheiben schneiden. Kurz in Olivenöl und Butter anbraten und mit Aromaten versetzen.

Alles mit den getrockneten Weintrauben und frischen Kräutern anrichten.

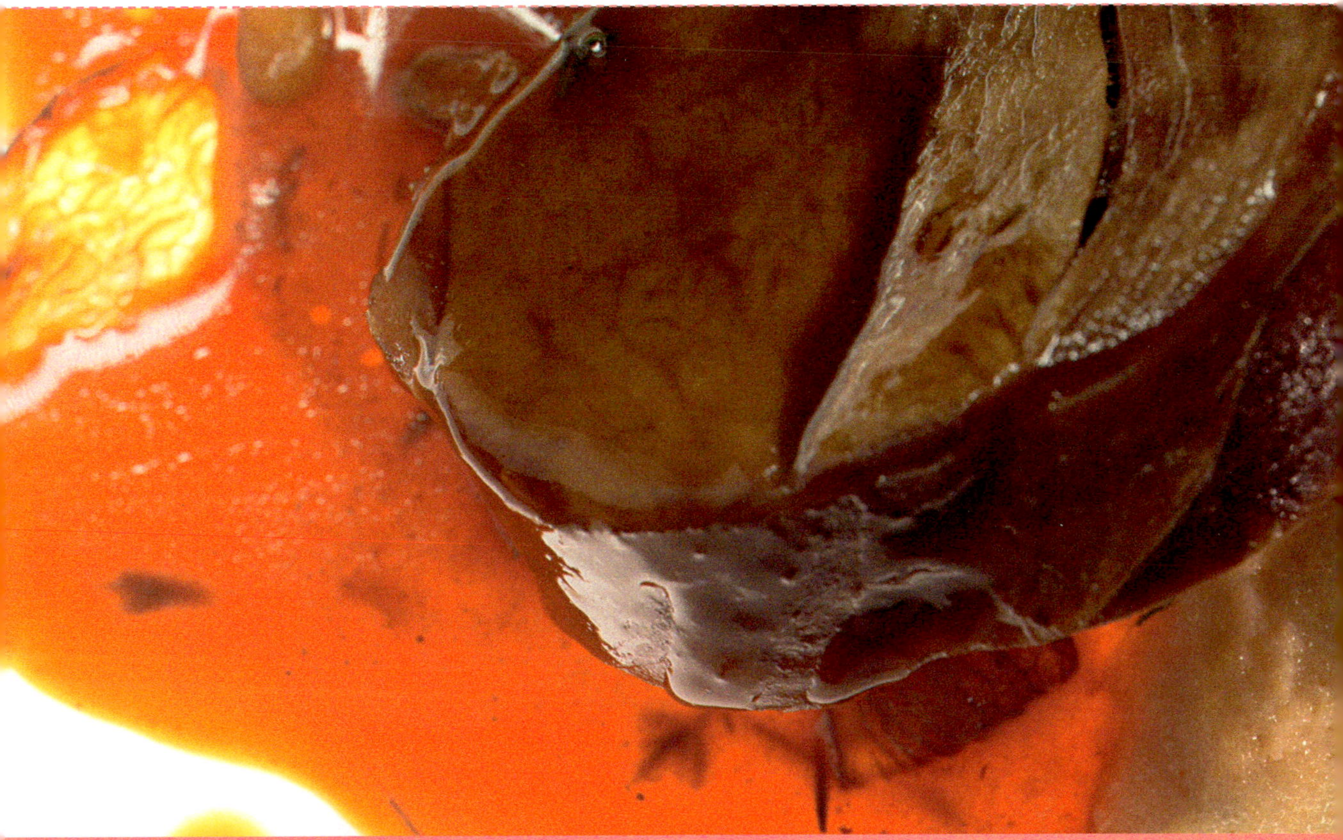

Das Aroma der Steinpilze
vermag es, einen ganzen
Wald zu verzaubern.

*Erst im Inneren der
Passionsfrucht stößt man
auf ihre süßen Kerne.*

Gebratenes Rehcarré mit Hummer und Passionsfrucht-Bisque

Die Hummer in der Court-Bouillon 2 Minuten kochen, abschrecken und ausbrechen. Aus dem Kopf und dem Panzer eine Hummer-Bisque (siehe S. 74) herstellen. Den Schwanz längs halbieren und den Rehrücken damit spicken.

Das gespickte Reh würzen und anbraten. Im Ofen bei 180 °C ca. 6–7 Minuten garen.

Die Bisque mit ausgekratzten Passionsfrucht-Kernen vermischen.

Alles mit gebratenen Hummerscheren, Rehjus und Minze dekorativ anrichten.

ZUTATEN

2 Hummer
ca. 5 l Court-Bouillon (siehe S. 74)
1 Rehcarré (mit 8 Knochen)
Salz, Pfeffer
Öl
3 Passionsfrüchte
8 EL Rehjus (siehe S. 77)
frische Minze

Gebratener Rehrücken mit Pulpo und Vanille-Peperonata

ZUTATEN

je 1 rote und grüne Paprika
Salz
2–3 EL Olivenöl
1 Vanilleschote
2–3 EL Butter
1 kleiner Pulpo
ca. 2 l Court-Bouillon
(siehe S. 74)
400 g Rehrücken
Salz, Pfeffer
2–3 EL Öl
8 EL Rehjus
(siehe S. 77)

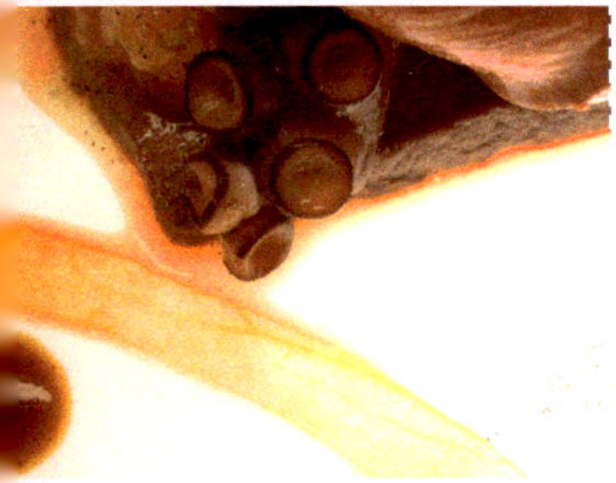

Für die Peperonata die Paprika mit Salz und Olivenöl einreiben und bei 220 °C im Backofen ca. 15 Minuten backen.

Die Haut von der Paprika abziehen und das Kerngehäuse entfernen. Den Saft der Paprika auffangen und mit der Vanille versetzen.

Die Paprika klein schneiden und mit Butter und dem Vanillefond glacieren.

Den Pulpo in kalter Court-Bouillon ansetzen und langsam weich köcheln.

Den Rehrücken würzen und in Öl anbraten. Bei 180 °C ca. 4–5 Minuten im Backofen fertig garen.

Das Gericht mit Rehjus und ausgekratzter Vanilleschote anrichten.

Vanille betört durch ihren süßlichen Duft und wirkt aphrodisierend.

Aufgabe bei EDEN: KAMERAFRAU

Name: *Jutta Pohlmann*

Alter, in dem ich zum 1. Mal am Herd stand:
* 23 Jahre (Spaghetti mit Ketchup).

Ein Gericht, für das ich alles stehen und liegen lasse:
* Arme Ritter mit Zimt und Zucker.

Mein größtes kulinarisches Erlebnis:
* Die Torten, die Josef Ostendorf beim Dreh spendiert hat.

Meine Kochkünste auf einer Skala von 1–10 (1=Kochniete; 10=Kochprofi):
* 2 Punkte.

Das brennt bei mir immer an:
* Porridge.

So viel Zeit nehme ich mir für ein Mittagessen:
* 30 Minuten.

Kochen und die Liebe gehören für mich zusammen wie:
* Feuerwasser.

Ein Lebensmittel, das ich auf eine einsame Insel mitnehmen würde:
* Schokolade und Nougat.

Das esse ich am Sonntag zum Frühstück:
* Porridge, Spiegelei und Baked Beans aus der Dose.

Kulinarischer Steckbrief

Mein peinlichstes kulinarisches Erlebnis:

* Eine Riesengarnele hüpft von meinem Teller.

Das gehört für mich zu jedem guten Essen:

* Erstklassiges Öl und keine Musik.

Mein absolutes Lieblingsgetränk:

* Root Beer.

Eine Eissorte, die mich dahinschmelzen lässt:

* Cookies and Cream (mit den leckeren Kuchenteigstückchen).

Das habe ich bei den Dreharbeiten zu EDEN übers Kochen gelernt:

* Es geht auch anders!

EDEN: Ich bin total begeistert.
Wie machen Sie das?
Verraten Sie mir Ihr Geheimnis.

GREGOR: Ich denke an Sie.

Eden & Gregor

Toskana – klingt nach dem idyllischen Schauplatz einer Liebesgeschichte!

Rehcappuccino mit Toskanaschaum und Tortellini-Schaschlik

Für den Rehcappuccino zunächst Rehknochen und -parüren (Äbfälle wie Häute, Sehnen und unerwünschtes Fett) und Mirepoix in einem großen Topf anrösten. Das Tomatenmark dazugeben und 10 Minuten mit anrösten. Alles mit Rotwein ablöschen und reduzieren. Mit Rosmarin, Thymian und Gewürzen verfeinern.

Den Topf mit Wasser füllen und ca. 5 Stunden leicht köcheln lassen. Dabei ständig Fett abschöpfen. Passieren und kalt stellen.

Rehfleisch und Gemüse durch den Fleischwolf drehen. Zu dem kalten Fond geben und mit Portwein und Eiweiß langsam zum Köcheln bringen, um ihn zu klären.

Für die Tortellini aus Rehhack eine Füllung herstellen. Den Nudelteig dünn ausrollen und mit Eigelb bestreichen. Die Hackfleischmasse in kleinen Häufchen auf dem Teig verteilen, ausschneiden und zusammenklappen. Die Tortellini 5 Minuten in Salzwasser kochen.

Für den Tomatenschaum die Tonkabohne reiben und mit der Milch auf ca. 70 °C erhitzen. Alles mit einem Mixer pürieren. Den Cappuccino in Gläsern anrichten und mit Gewürzen dekorieren.

ZUTATEN

2 kg Rehknochen und -parüren
ca. 200 g Wurzelgemüse (Mirepoix)
Tomatenmark
2 Flaschen Rotwein
Rosmarin, Thymian

Zum Klären:
1 kg Rehfleisch und Gemüse (Lauch, Karotte, Sellerie)
1 Flasche Portwein
8 Eiweiß
200 g Rehhack (siehe S. 77)
Nudelteig (siehe S. 76)
etwas Eigelb, Salz
1 Tonkabohne
200 ml Milch (1,5 %)
Gewürze zum Dekorieren

Rolle bei EDEN: XAVER

Name: *Devid Striesow*

Alter, in dem ich zum 1. Mal am Herd stand:
- 10 Jahre, für mein erstes Spiegelei.

Ein Gericht, für das ich alles stehen und liegen lasse:
- Kalbsbäckchen mit Meerrettichschaum.

Mein größtes kulinarisches Erlebnis:
- Die Dreharbeiten zu EDEN.

Meine Kochkünste auf einer Skala von 1–10 (1=Kochniete; 10=Kochprofi):
- 6 Punkte.

Das brennt bei mir immer an:
- Milch.

So viel Zeit nehme ich mir für ein Mittagessen:
- Eine Drehpause.

Kochen und die Liebe gehören für mich zusammen wie:
- Huhn und Ei.

Ein Lebensmittel, das ich auf eine einsame Insel mitnehmen würde:
- Eine Kiste Chateau Margaux.

Das esse ich am Sonntag zum Frühstück:
- Ein weiches Ei mit Toast.

Kulinarischer Steckbrief

Mein peinlichstes kulinarisches Erlebnis:

* Essen mit Stäbchen.

Das gehört für mich zu jedem guten Essen:

* Guter Wein.

Mein absolutes Lieblingsgetränk:

* Klares Wasser.

Eine Eissorte, die mich dahinschmelzen lässt:

* Tiramisu.

Das habe ich bei den Dreharbeiten zu EDEN übers Kochen gelernt:

* Kochen ist eine hohe Kunst.

Lammrücken in Brotteig mit grünem Curry und Blumenkohl-Kokos-Pannacotta

ZUTATEN

1 Blumenkohl
etwas Zucker zum Karamellisieren
2 Schalotten
etwas Ingwer
2 Stängel Zitronengras
1–2 l Geflügelfond
1 Dose Kokosmilch
Gelatine
1 Kastenweißbrot
300 g Putenfarce
500 g Lammrücken
grünes Curry
2–3 EL Olivenöl
8 EL Lammjus
(siehe S. 77)

Für das Pannacotta den Blumenkohl klein schneiden. Etwas Blumenkohl als Deko beiseite stellen und bei Gelegenheit karamellisieren. Schalotten, Ingwer und Zitronengras anschwitzen und Blumenkohl dazugeben. Alles mit Geflügelfond auffüllen und um 1/3 reduzieren.

Die Kokosmilch zu dem Gemüse geben und nochmals kurz köcheln lassen. Mixen und abpassieren. Je 100 ml Flüssigkeit 1 Blatt Gelatine einweichen und einrühren. Das Pannacotta in Förmchen füllen und kalt stellen.

Kastenweißbrot ohne Rinde längs in 4 dicke Scheiben schneiden. Mit der Putenfarce bestreichen. Je 120 g des Lammrückens mit Curry würzen und auf den Brotteig legen. Alles einrollen.

Den Backofen auf 180 °C vorheizen. In einer Pfanne Olivenöl erhitzen und die Rollen darin goldgelb ausbacken.

Anschließend ca. 7 Minuten im vorgeheizten Ofen garen. Die Kerntemperatur sollte dabei 55 °C nicht überschreiten. Alles mit karamellisiertem Blumenkohl und Lammjus anrichten.

Frische Kokosmilch
verströmt einen
himmlischen Duft.

Aufgabe bei EDEN: PRODUZENT

Name: *Michael Jungfleisch*

Alter, in dem ich zum 1. Mal am Herd stand:

* Das war mit 5 oder 6 Jahren, als ich den Zusammenhang von Rührteig und Kuchen entdeckte und daraufhin wusste, wie ich mir zur Not selbst jeden Tag einen Kuchen backen kann.

Ein Gericht, für das ich alles stehen und liegen lasse:

* Dieses eine Gericht gibt es so nicht, aber alles, was mit frischen Meeresfrüchten zu tun hat, kommt der Sache schon sehr nahe.

Mein größtes kulinarisches Erlebnis:

* Immer wieder meinen beiden kleinen Kinder dabei zuzuschauen, wie sie mit Lust und Neugierde fast alles Essbare probieren wollen, was sie noch nicht kennen.

Meine Kochkünste auf einer Skala von 1–10 (1=Kochniete; 10=Kochprofi):

* Ich koche sehr gerne (7), aber nicht so perfekt (5), in der Summe also eine klare 6.

Das brennt bei mir immer an:

* Leider immer wieder die Topflappen und Küchentücher am Gasherd.

So viel Zeit nehme ich mir für ein Mittagessen:

* Mittags esse ich fast nie, weil ich zum Essen selbst, insbesondere aber danach, erst einmal meine Ruhe brauche.

Kulinarischer Steckbrief

Kochen und die Liebe gehören für mich zusammen wie:

- **...**

Ein Lebensmittel, das ich auf eine einsame Insel mitnehmen würde:

- **Eine Zitrone für die Fische und Meeresfrüchte, die ich mir dort jeden Tage frisch aus dem Meer fangen würde.**

Das esse ich am Sonntag zum Frühstück:

- **Frisches Brot mit Butter und Honig.**

Mein peinlichstes kulinarisches Erlebnis:

- **Kulinarisch kann es nichts Peinliches geben.**

Das gehört für mich zu jedem guten Essen:

- **Jemand, für den man gekocht hat und mit dem man gemeinsam isst.**

Mein absolutes Lieblingsgetränk:

- **Wasser.**

Eine Eissorte, die mich dahinschmelzen lässt:

- **Nicht so mein Fall, und wenn doch, dann Vanille mit heißen Himbeeren.**

Das habe ich bei den Dreharbeiten zu EDEN übers Kochen gelernt:

- **Dass gutes, mit Liebe gekochtes Essen Menschen verändern kann. Schlechtes allerdings auch.**

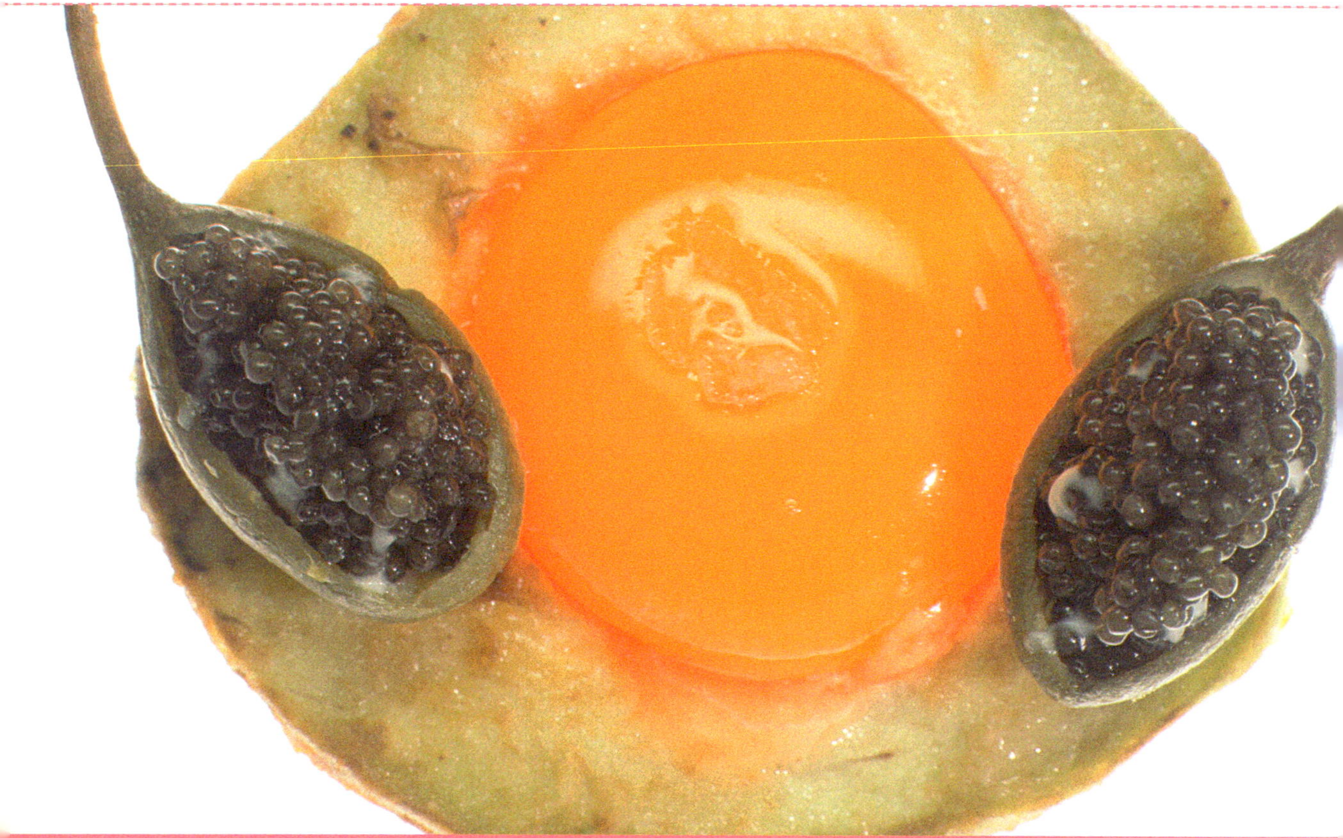

Manchmal muss es
eben Kaviar sein!

Pochiertes Kalbsfilet-Tatar mit gebratener Avocado, Jakobsmuschel-Tempura und Kaviarkapern

ZUTATEN

320 g Mittelstück vom Kalbsfilet
Salz, Pfeffer
Rinderbrühe
1 Avocado
2 EL Olivenöl
Aromaten (siehe S. 74)
Fett zum Frittieren
4 Jakobsmuscheln
Tempurateig (siehe S. 76)
12 Kapernbeeren
6 EL Kaviar
4 Eigelb
200 g Crème fraîche
1 Hand voll frische Kräuter

Für das Tatar das Kalbsfilet in 4 gleichgroße Stücke schneiden und von oben bis zur Hälfte „Taschen" einschneiden.

Das Fleisch würzen und in Rinderbrühe nur von unten pochieren, bis es halb gar ist.

Die Avocado schälen und in Scheiben schneiden. Anschließend würzen und in Olivenöl mit Aromaten kurz anbraten.

Das Frittierfett auf ca. 180 °C erhitzen. Die Jakobsmuscheln würzen und durch den Tempurateig ziehen. Anschließend im Fett goldgelb ausbacken.

Die Kapernbeeren halbieren und die Schnittfläche mit dem Kaviar bedecken.

Aus Eigelb, Crème fraîche und Kräutern eine Vinaigrette anrühren. Alles damit anrichten.

Aufgabe bei EDEN: FOOD-DESIGN/BERATUNG

Name: *Frank Oehler*

Alter, in dem ich zum 1. Mal am Herd stand:

* Irgendwann zwischen 7 und 10 Jahren.

Ein Gericht, für das ich alles stehen und liegen lasse:

* Sämtliche Gerichte von meiner Mutter.

Mein größtes kulinarisches Erlebnis:

* Darauf warte ich bis heute noch ...

Meine Kochkünste auf einer Skala von 1–10 (1=Kochniete; 10=Kochprofi):

* 10 Punkte.

Das brennt bei mir immer an:

* Zigaretten.

So viel Zeit nehme ich mir für ein Mittagessen:

* 4–30 Minuten.

Kochen und die Liebe gehören für mich zusammen wie:

* Jeder Buchstabe im ABC.

Ein Lebensmittel, das ich auf eine einsame Insel mitnehmen würde:

* Eine Kuh.

Das esse ich am Sonntag zum Frühstück:

* Ein Frühstücksei.

Kulinarischer Steckbrief

Mein peinlichstes kulinarisches Erlebnis:

✶ **Darauf warte ich noch.**

Das gehört für mich zu jedem guten Essen:

✶ **Atmosphäre.**

Mein absolutes Lieblingsgetränk:

✶ **Wodka Bull.**

Eine Eissorte, die mich dahinschmelzen lässt:

✶ **Schokolade.**

Das habe ich bei den Dreharbeiten zu EDEN übers Kochen gelernt:

✶ **Augen auf bei der Berufswahl!**

Gebratener Pulpo mit gefüllter Gurke und Basilikum-Pesto

ZUTATEN

1 kleiner Pulpo
ca. 2 l Court-Bouillon
(siehe S. 74)
2–3 EL Olivenöl
Thymian, Knoblauch
4 kleine Gurken
Gemüse zum Füllen
(nach Belieben)
einige Safranfäden
8 EL Basilikum-Pesto
(siehe S. 75)
8 kleine Crostini
1 Hand voll frische Kräuter

Den Pulpo in kalter Court-Bouillon aufsetzen und kochen, bis er noch etwas Biss hat. Anschließend herausnehmen und die „Arme" vom Körper trennen.

Den Pulpo in Olivenöl mit Thymian und Knoblauch anbraten.

Die Gurken in Salzwasser blanchieren, abschrecken und der Länge nach halbieren.

Für die Füllung Gemüse (z.B. Mais, Zuckerschoten, Perlzwiebeln und Karotten) blanchieren und mit den Safranfäden glacieren.

Die halbierten Gurken aushöhlen, glacieren und mit dem Safrangemüse füllen.

Pulpo und gefüllte Gurken mit Basilikum-Pesto, kleinen Crostini und Kräutern servieren.

Der Pulpo:
eine aphrodisische Delikatesse
aus dem Meer.

Aufgabe bei EDEN: AUTOR und REGISSEUR

Name: *Michael Hofmann*

Alter, in dem ich zum 1. Mal am Herd stand:

* 6 Jahre.

Ein Gericht, für das ich alles stehen und liegen lasse:

* Kässpätzle von meiner Mama.

Mein größtes kulinarisches Erlebnis:

* Bekocht werden von Frank Oehler.

Meine Kochkünste auf einer Skala von 1–10 (1=Kochniete; 10=Kochprofi):

* 5 Punkte.

Das brennt bei mir immer an:

* Die letzten Grillwürste.

So viel Zeit nehme ich mir für ein Mittagessen:

* 45 Minuten (werktags).

Kochen und die Liebe gehören für mich zusammen wie:

* Austern und Perlen.

Ein Lebensmittel, das ich auf eine einsame Insel mitnehmen würde:

* Sizilianischen, scharf gerösteten Espresso-Kaffee.

Das esse ich am Sonntag zum Frühstück:

* Kommt auf die Nacht davor an ...

Kulinarischer Steckbrief

Mein peinlichstes kulinarisches Erlebnis:

* Beim Thai grünen Glibber für Teil der Vorspeise gehalten, in Sauce getunkt, aufgegessen und mich über scharfen Geschmack gewundert. – Kellner fragte dann erstaunt, wo das Brennelement ist, mit dem er den Hauptgang warm halten wollte.

Das gehört für mich zu jedem guten Essen:

* Gute Laune.

Mein absolutes Lieblingsgetränk:

* Frisch gepresster Granatapfelsaft.

Eine Eissorte, die mich dahinschmelzen lässt:

* In Italien jede hausgemachte ...

Das habe ich bei den Dreharbeiten zu EDEN übers Kochen gelernt:

* Ist gar nicht so schwer – wenn Frank Oehler neben einem steht!

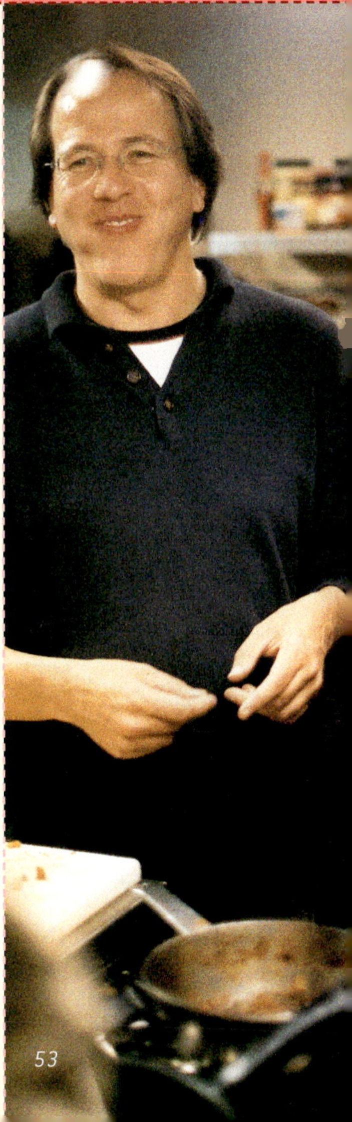

Eden

DIESE PRALINEN HABEN LEONIE VERÄNDERT.

SIE HAT ETWAS SEHR SCHÖNES ERLEBT UND DAS WIRD SIE IHNEN NIE VERGESSEN.

ES WÄRE IHR GRÖSSTER WUNSCH, NOCH EINMAL SOLCHE PRALINEN ZU ESSEN.

Chili: Gelobt sei was scharf macht!

Gebratene Tranche vom Schwertfisch mit Kokos und Frühlingslauch

Den Schwertfisch würzen und mit Thymian und Knoblauch kurz in Olivenöl anbraten.

Für den Kokosschaum die Schalotten mit Ingwer, Chili und Zitronengras in Olivenöl anschwitzen. Alles mit Fischfond bedecken und auf $^1/_3$ einköcheln lassen.

Die Kokosmilch zugeben und abermals 5 Minuten leicht köcheln lassen. Alles kurz anmixen und abpassieren.

Den Frühlingslauch putzen, blanchieren und dann in Butter glacieren.

Schwertfisch, Kokosmilch und Frühlingslauch mit den frischen Scheiben von einer Kokosnuss anrichten.

ZUTATEN

4 Tranchen (Scheiben) Schwertfisch
etwas Thymian
2–3 Knoblauchzehen
2–3 EL Olivenöl
2 Schalotten
Ingwer, Chili
Zitronengras
ca. 150 ml Fischfond
1 Dose Kokosmilch
2 Bund Frühlingslauch
2–3 EL Butter
frische Kokosnuss-Scheiben

Petersfisch mit gebratener Gänseleber und Roter Bete

ZUTATEN

1 Petersfisch (Saint Pierre)
5 EL Olivenöl
Aromaten (siehe S. 74)
400 g Gänseleber
Salz, Pfeffer
1 Rote Bete
Kümmel
2–3 EL Butter
2 Zwiebeln
8 EL Gemüse-Vinaigrette (siehe S. 75)

Den Petersfisch filetieren und in die einzelnen Filets zerlegen. In Olivenöl auf der Hautseite goldgelb braten und dabei mit Aromaten versetzen.

Die Gänseleber putzen und in 4 gleich große Stücke schneiden. Ohne Fett in einer nicht zu heißen Pfanne anbraten und würzen.

Die Rote Bete ungeschält in Kümmelwasser kochen, bis sie weich ist. Herausnehmen, schälen und in Scheiben schneiden. Die Scheiben mit Butter glacieren.

Die Zwiebeln in Ringe schneiden und rösten.

Alles anrichten und mit der Gemüse-Vinaigrette überträufeln.

Sagenumwoben ist der Petersfisch –
und sein Fleisch ein
einziger Wohlgeschmack.

Aufgabe bei EDEN: CUTTER

Name: *Bernhard Wießner*

Alter, in dem ich zum 1. Mal am Herd stand:

* 6 Jahre.

Ein Gericht, für das ich alles stehen und liegen lasse:

* Lammkeule im Holzofen geschmort.

Mein größtes kulinarisches Erlebnis:

* Ein Abendessen im Piemont mit allen Variationen von Trüffeln.

Meine Kochkünste auf einer Skala von 1–10 (1=Kochniete; 10=Kochprofi):

* 3 Punkte.

Das brennt bei mir immer an:

* Bratkartoffeln – weil ich so ungeduldig bin.

So viel Zeit nehme ich mir für ein Mittagessen:

* 10–30 Minuten.

Kochen und die Liebe gehören für mich zusammen wie:

* ... nicht unbedingt.

Ein Lebensmittel, das ich auf eine einsame Insel mitnehmen würde:

* Rindfleisch.

Kulinarischer Steckbrief

Das esse ich am Sonntag zum Frühstück:

✶ **Croissant, Ei, Baguette, Serrano-Schinken, Käse.**

Mein peinlichstes kulinarisches Erlebnis:

✶ **Beim herzhaften Biss in eine Salzgurke deren Inhalt ins Auge meines Gegenübers zu spritzen.**

Das gehört für mich zu jedem guten Essen:

✶ **Wein.**

Mein absolutes Lieblingsgetränk:

✶ **Bier, Wein und Cappuccino.**

Eine Eissorte, die mich dahinschmelzen lässt:

✶ **Pistazie.**

Das habe ich bei den Dreharbeiten zu EDEN übers Kochen gelernt:

✶ **Eigentlich nix.**

Xaver

Ihr Essen und Ihre Gesellschaft haben mich zu einem anderen Menschen gemacht. Leonie ist auch nicht mehr wiederzuerkennen. Sie schläft jetzt seit ein paar Wochen durch. Sie können sich nicht vorstellen, was das für uns bedeutet. Ich glaube, Sie haben auch Xaver verwandelt. Er wird jetzt immer mehr zu dem Mann, in den ich mich mal verliebt hab.

Trüffel sind die Diamanten der „cucina erotica“.

Schwarzes Kaninchen mit Trüffel, Karotten und Kartoffeln

ZUTATEN

2 Kaninchenrücken
3 schwarze Wintertrüffel
Salz, Pfeffer
1 Eiweiß
Öl
8 kleine Karotten
2–3 EL Butter
8 kleine Kartoffeln
etwas gehackter Thymian
4 EL Kaninchenjus
(siehe S. 77)
4 getrocknete Tomaten

Das Kaninchenfleisch vom Knochen lösen. 2 Trüffel im Mixer fein zerkleinern.

Das Fleisch würzen und kurz durch geschlagenes Eiweiß ziehen und mit dem Trüffel „panieren".

Kaninchen bei mittlerer Hitze in Öl wie ein Schnitzel ausbacken. Das Kaninchen sollte noch glasig sein.

Die Karotten schälen und formieren. In Salzwasser blanchieren und danach in etwas Butter schön glasieren.

Die Kartoffeln schälen, in Scheiben schneiden und in Butter und Wasser blanchieren. Wenn sie noch etwas bissfest sind, herausnehmen und mit gehacktem Thymian verfeinern.

Das Kaninchen mit den Beilagen anrichten und mit gehobeltem Trüffel, Kaninchenjus und getrockneten Tomaten dekorieren.

Rolle bei EDEN: GREGOR BARBIER

Name: *Josef Ostendorf*

Alter, in dem ich zum 1. Mal am Herd stand:

* 6 Jahre.

Ein Gericht, für das ich alles stehen und liegen lasse:

* Grünkohl mit Pinkel.

Mein größtes kulinarisches Erlebnis:

* Essen mit BH. M.

Meine Kochkünste auf einer Skala von 1–10 (1=Kochniete; 10=Kochprofi):

* 6 Punkte.

Das brennt bei mir immer an:

* Kalte Platte.

So viel Zeit nehme ich mir für ein Mittagessen:

* 1 Stunde.

Kochen und die Liebe gehören für mich zusammen wie:

* ...

Ein Lebensmittel, das ich auf eine einsame Insel mitnehmen würde:

* Brot.

Kulinarischer Steckbrief

Das esse ich am Sonntag zum Frühstück:

* **Alles.**

Mein peinlichstes kulinarisches Erlebnis:

* **In einem feinen Restaurant mit einem Sitzmöbel zusammengebrochen!**

Das gehört für mich zu jedem guten Essen:

* **Zeit.**

Mein absolutes Lieblingsgetränk:

* **Rotwein.**

Das habe ich bei den Dreharbeiten zu EDEN übers Kochen gelernt:

* **Sorgfalt.**

Schokoladen-Parfait

mit Tonkabohnen-Krokant und Ananas-Chutney

ZUTATEN

Für das Schokoladen-Parfait:
3 Eigelb
30 g Zucker
125 ml Milch
1 Vanilleschote
60 g Kuvertüre
150 g Sahne

Für das Tonkabohnen-Krokant:
100 g Zucker
20 g Wasser
½ Tonkabohne

Für das Ananas-Chutney:
1 frische Ananas
rosa Pfeffer, Chili
frische Minze

Zunächst für das Schokoladen-Parfait Eigelb und Zucker cremig rühren. Die Milch mit der Vanilleschote aufkochen. Eigelbmasse und Vanillemilch mischen und auf dem Herd zur Rose abziehen.

Die Kuvertüre im Wasserbad schmelzen und unter die Masse ziehen. Zum Schluss die Sahne schlagen und unterheben.

Für das Krokant aus Zucker und Wasser ein Karamell kochen. Die Tonkabohne fein reiben und dazugeben. Die Masse zwischen zwei Lagen Backpapier ausrollen und erkalten lassen, später in Stücke brechen.

Für das Chutney die Ananas in feine Würfel schneiden. Die Hälfte fein pürieren und die Würfel mit Pfeffer, Chili und Minze abschmecken.

Das Schokoladen-Parfait mit dem Krokant und dem Ananas-Chutney anrichten.

Von süß bis bitter, wie die Liebe – Schokolade ist ein altbekanntes Aphrodisiakum.

Zitronen wirken erfrischend
und wecken die Liebesgeister.

Mille feuilles von Beeren mit Vanilleschaum und Zitronengelee

ZUTATEN

Für das Zitronengelee:
200 g Läuterzucker (Zuckersirup)
2 Zitronen
4 Blatt Gelatine

Für das Mille feuilles:
Strudelteig (siehe S. 76)
flüssige Butter
etwas Eigelb
Puderzucker

Für den Vanilleschaum:
6 EL Naturjoghurt
6 EL Milch
2 EL Vanillezucker

Außerdem:
ca. 400 g Beeren nach Geschmack

Für das Gelee aus Zucker und Wasser im Verhältnis 1:1 einen Zuckersirup herstellen. Dazu beides in einem Topf zusammen mit der abgeriebenen Schale der Zitronen und deren Saft ca. 15–20 Minuten kochen.

Die Gelatine einweichen und in den Läuterzucker einrühren. Ein Backblech mit Folie auslegen, die Flüssigkeit einfüllen und kalt stellen. Für das Mille feuilles den Backofen auf 180 °C vorheizen.

Den Strudelteig mit flüssiger Butter und Eigelb bestreichen und 12 Kreise ausstechen. Die Kreise ca. 5 Minuten backen, bis sie schön kross sind. Auskühlen lassen und mit Puderzucker bestreuen.

Für den Vanilleschaum Joghurt, Milch und Vanillezucker im Mixer mindestens 5 Minuten mixen, bis alles schön locker und schaumig ist.

Zum Anrichten Strudel, Zitronengelee und Beeren übereinanderschichten und mit dem Vanilleschaum übergießen, das ganze zweimal wiederholen.

Eden

Geschmeckt?
Ich glaub´ Leonie war im Paradies. Sie wollte da einfach nicht mehr weg. Deswegen hat sie diesen Anfall bekommen. Nicht weil sie die Pralinen nicht vertragen hat. Ich hätte auch alles für ´ne zweite Praline gegeben.

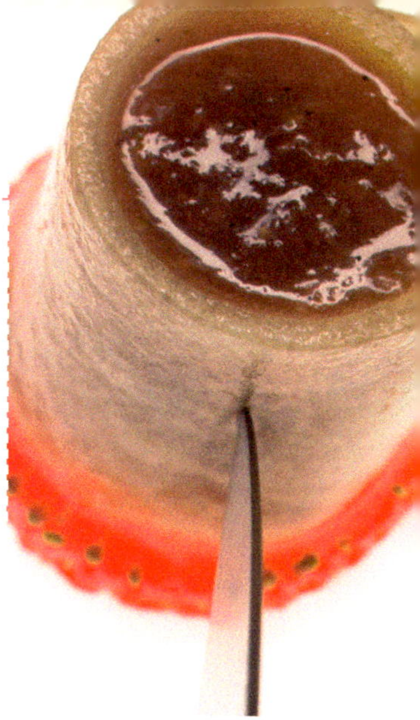

Hummer-Bisque

ZUTATEN

- Hummerkarkassen
- Röstgemüse
- Cognac
- Tomatenmark
- Aromaten (siehe unten)
- Schältomaten
- Sahne, Butter

Die Hummerkarkassen klein hacken und anrösten. Das Röstgemüse (Zwiebeln, Karotten, Fenchel, Stangensellerie) dazugeben und mitrösten.

Mit etwas Cognac ablöschen und etwas Tomatenmark dazugeben und langsam mitrösten.

Alles mit Aromaten, Schältomaten und Wasser auffüllen und 30 Minuten leicht köcheln.

Den Fond abpassieren und auf $^{3}/_{4}$ einkochen. Mit etwas Sahne und Butter verfeinern und nochmals abschmecken.

Court-Boullion

ZUTATEN

- Salz
- Röstgemüse
- $^{1}/_{2}$ Knoblauchknolle
- Aromaten
- Gewürze

5 l Salzwasser zum Kochen bringen und alle Zutaten hineingeben. Alles einmal aufkochen lassen.

Aromaten

ZUTATEN

Beispielsweise:

- Thymian
- Rosmarin
- Knoblauch
- Basilikuim
- Estragon
- Sternanis

Die Wahl der Aromaten ist ganz individuell zu entscheiden. Der Phantasie und dem Geschmack sind dabei keinerlei Grenzen gesetzt. – Nur schmecken muss es!

Röstzwiebel-Pesto

ZUTATEN

1 Zwiebel
Mehl
Fett zum Frittieren
weißer Balsamico
Olivenöl
Salz, Pfeffer
geriebener Parmesan

Die Zwiebel schälen und in ca. 2 mm starke Scheiben schneiden, mehlieren und in 180 °C heißem Fett goldgelb frittieren.

Mit einem Mixer pürieren und etwas weißen Balsamico und Olivenöl dazugeben, sodass eine leicht flüssige Masse entsteht.

Alles mit Salz, Pfeffer und geriebenem Parmesan abschmecken.

Gemüse-Vinaigrette

ZUTATEN

Gemüse nach Belieben
Zucker
Schalottenbrunoise
Butter
weißer Balsamico
Olivenöl
gehackte Kräuter

Das Gemüse in kleine Stücke schneiden, kurz blanchieren und abschrecken.

Etwas Zucker karamellisieren und mit Schalottenbrunoise und etwas Butter auffüllen. Mit weißem Balsamico ablöschen.

Mit Olivenöl und gehackten Kräutern abschmecken.

Basilikum-Pesto

ZUTATEN

100 g Basilikumblätter
20 g Parmesan
50 g Pinienkerne
100 ml Olivenöl
2 El weißer Balsamico
Salz, Peffer

Die Basilikumblätter waschen und trockentupfen, den Parmesan fein reiben.

Mit allen anderen Zutaten in den Mixer geben und so lange mixen, bis ein schönes Pesto entstanden ist.

Nudelteig für Ravioli oder Tortellini

ZUTATEN

300 g Mehl
2 Eier
4 Eigelb
etwas Weißweinessig
Olivenöl
Salz

Aus den Zutaten einen Teig kneten und ca. 3 Stunden ruhen lassen.

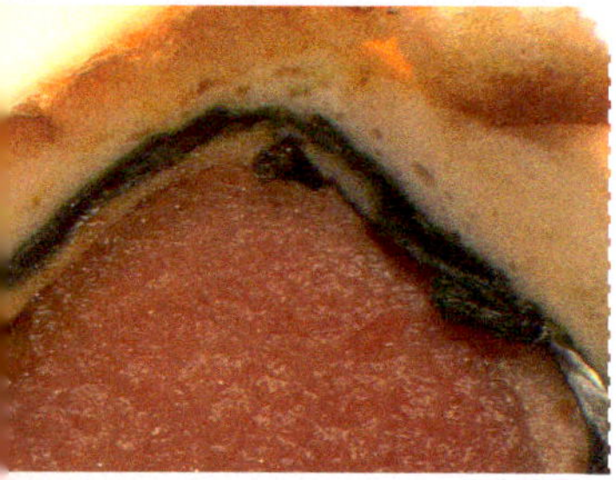

Strudelteig

ZUTATEN

160 g Mehl
30 g Ei
20 g Zucker
40 ml Wasser
35 ml Öl
etwas Salz

Alle Zutaten in eine Rührschüssel geben und so lange kneten – mit den Knethaken oder den Händen – bis ein feiner Teig entstanden ist.

Tempurateig

ZUTATEN

125 g Mehl
125 g Speisestärke
2 Eigelb, Salz
ca. 250 ml eiskaltes Wasser

Für den Tempurateig Mehl, Speisestärke, Eigelb und Salz mischen. Wasser dazugeben und alles mit einem Stabmixer pürieren, bis ein glatter Teig entstanden ist.

Rehhack z.B. für Maultaschen

ZUTATEN

300 g Rehhackfleisch (Schulter)
Salz, Pfeffer
1 Zwiebel
Rosmarin
Thymian
Weißbrot
1-2 Eier
Semmelbrösel
evtl. Pfifferlinge oder Rehaufbruch

Das Rehhackfleisch mit Salz und Pfeffer abschmecken. Die Zwiebel in sehr kleine Stücke schneiden und mit gehacktem Rosmarin und Thymian zum Fleisch geben.

Das Weißbrot einweichen. Zusammen mit den Eiern und den Semmelbröseln ebenfalls zum Fleisch geben und alles gut vermischen.

Zum Verfeinern der Hackmasse eignen sich angebratene Pfifferlinge oder kurz angebratener Rehaufbruch (Niere, Herz, Leber).

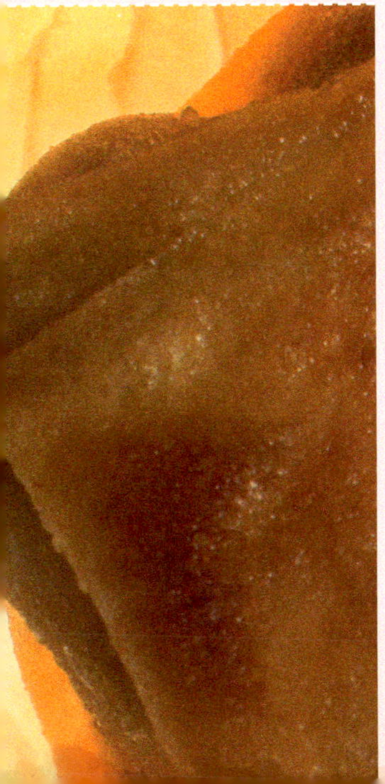

Lammjus

ZUTATEN

Lammknochen
Röstgemüse
Tomatenmark
Aromaten
Rotwein
Butter

Den Ofen auf 180 °C vorheizen. Die Lammknochen klein hacken und pürieren, anschließend im Ofen goldgelb rösten.

In der Zwischenzeit Röstgemüse (Zwiebeln, Karotten, Fenchel, Stangensellerie) anrösten und mit Tomatenmark versetzen. Ca. 10 Minuten bei leichter Hitze rösten und mit Aromaten versetzen.

Das Gemüse mit Rotwein ablöschen und komplett runterreduzieren. Mit den Knochen auffüllen und mit kaltem Wasser begießen.

Alles ca. 6 Stunden langsam köcheln lassen. Danach abpassieren und auf die gewünschte Konsistenz einkochen.

Mit etwas Butter verfeinern und abschmecken.

Nach dem gleichen Prinzip fertigen Sie auch Kaninchen- oder Rehjus.

Register der Rezepte

Leidenschaftlich, genial, lecker!

Für bezaubernde Candle-Light-Dinner: Kulinarische Liebeserklärungen mit der Verwöhn-Garantie von TV-Koch Andreas C. Studer!

Andreas C. Studer
Männer kochen – Frauen genießen
96 Seiten, 50 Abbildungen
€/D 14,95; €/A 15,40; sFr 25,90
ISBN 978-3-440-10857-4

Aussergewöhnliche Rezeptideen für Geschmackserlebnisse der besonderen Art: originell kombiniert, extravagant gestylt und einzigartig fotografiert!

Damien Klein
grow me, taste me, eat me, love me
144 Seiten, 105 Farbfotos
€/D 16,95; €/A 17,50; sFr 29,–
ISBN 978-3-440-10734-8

KOSMOS

www.kosmos.de

Preisänderung vorbehalten

Impressum

Bildnachweis:
Fotos von Bernhard J. Widmann / Gambit: 4, 10, 12, 13, 16u., 18, 19, 20, 23u., 24, 25, 27, 31u., 34, 35, 36, 40, 41, 45o., 53, 54, 62, 63, 66, 67, 72; Jutta Pohlmann / Gambit: 2u. rechts/links, 8, 9, 14, 15, 16o., 17, 22, 23o., 28, 29, 30, 31o. 32, 33, 38, 42, 43, 46, 47, 50, 51, 56, 57, 58, 59, 64, 68, 69, 70, 71, 74, 75, 76, 77; Claudia Albrecht: 61; Bettina Blümner: S. 45u.; Erbprinz: 2o./u. Mitte, 3, 6, 7, 49

Umschlaggestaltung von solutioncube GmbH, Reutlingen unter Verwendung von 6 Fotos von Jutta Pohlmann / Gambit, 3 Fotos von Bernhard J. Widmann / Gambit und des Filmplakats von Dirk Strödel.

Mit 80 Farbfotos

In Zusammenarbeit mit Pandora Film GmbH & Co. Verleih KG (Aschaffenburg); GAMBIT Film und Fernsehproduktion GmbH (Ludwigsburg); Hotel-Restaurant Erbprinz (Ettlingen) und Michael Hofmann.

Bibliografische Information der Deutschen Nationalbibliothek
Die Deutsche Nationalbibliothek verzeichnet diese Publikation in der Deutschen Nationalbibliographie; detaillierte bibliographische Informationen sind im Internet über http://dnb.ddb.de abrufbar.

KOSMOS Postfach 10 60 11
D-70049 Stuttgart
TELEFON +49 (0)711-2191-0
FAX +49 (0)711-2191-422
WEB www.kosmos.de
E-MAIL info@kosmos.de

Gedruckt auf chlorfrei gebleichtem Papier

ISBN-13: 978-3-440-10982-3
ISBN-10: 3-440-10982-8
Styling: Frank Oehler
Redaktion: Marion Lehmann
Layout und Satz: solutioncube GmbH, Reutlingen
Produktion: Kirsten Raue / Eva Schmidt
Printed in Germany / Imprimé en Allemagne